AF562529

A M. Léopold De...
hommage respectueux
Louis D...

UNE PROMENADE

A

LA BUTTE CHAUMONT

ET A

LA ROCHE-MABILE

ALENÇON
IMPRIMERIE AUGUSTE LEPAGE
Rue du Collége, 8.

—

1884

UNE PROMENADE

A LA BUTTE DE CHAUMONT

ET

A LA ROCHE-MABILE

L'un des sites les plus curieux à visiter des environs d'Alençon est, sans contredit, celui de la butte de Chaumont, qui, du haut de son sommet majestueux, permet au spectateur d'embrasser un horizon des plus splendides.

Si, de ce point, vous portez vos pas vers le rocher légendaire connu sous le nom de : Le Saut De La Dame, de cet endroit vous jouissez d'un des plus beaux spectacles qu'il soit possible de contempler.

Votre regard, d'abord effrayé par le précipice qui se trouve à vos pieds, va bientôt se reposer sur un des tableaux charmants que la nature seule peut produire. La monotonie de la verdure est rompue par un grand nombre de villages et de bourgs semés sur la pente des collines qui se dressent devant vous.

L'un d'eux attire spécialement votre attention, et le rocher qui est placé à son centre rappelle à votre esprit de grands souvenirs historiques.

C'est la Roche-Mabille.

Distante d'environ 13 kilomètres d'Alençon et bâtie sur la rive droite du Sarthon, cette bourgade qui, jadis, fière de son château élevé sur un roc presque inaccessible, protégeait la frontière de la Normandie du côté du Maine, n'abrite plus maintenant que des ouvriers paisibles vivant du fruit de leur travail. Du monument élevé par ses maîtres, il ne reste plus que quelques pans de murailles sur le rocher qui la domine.

La commune, d'une population d'environ 500 habitants, est peu étendue. Le bourg et les deux forts villages de Hauteville et de Rennes, qui en sont la continuation et ne forment pour ainsi dire avec lui qu'une même agglomération, renferment à eux seuls près des quatre cinquièmes de la population. Le tout, placé sur la route d'Alençon à Carrouges, est égayé par le passage d'un nombre considérable de personnes se rendant à l'une ou à l'autre de ces deux localités, mais surtout par les nombreux promeneurs qui viennent visiter les ruines du château. Deux chemins y conduisent, l'un partant du bourg et l'autre du village de Hauteville. C'est ce dernier qui est le plus communément suivi.

Les ruines présentent plusieurs lignes de remparts accompagnées de vestiges d'un donjon qui couronnait la crête du rocher. Les plus imposantes regardent le bourg. Ce sont des débris de remparts, qui, défiant les engins de destruction alors en usage, témoignent de la solidité des constructions de ces anciens temps qui forcent les siècles mêmes à les respecter. On y remarque un grand nombre d'ouvertures rondes, d'un diamètre de 6 à 8 centimètres qui nous paraissent être des meurtrières.

Mabille de Bellême, fille de Guillaume Talvas, seigneur de Bellême et d'Alençon, épouse de Roger de Mongommeri, lui avait donné son nom. « Son mari et elle, dit Odolant Desnos, y fondèrent le prieuré de Saint-Nicolas et le donnèrent aux religieux de Saint-Martin de Sées, qui y ont longtemps entretenu une communauté en règle ».

L'agglomération était alors assez considérable pour qu'on lui donnât le nom de ville. Elle était entourée d'un rempart dont il existe des vestiges près du village de l'Etang (1).

Certains priviléges furent accordés aux habitants. Jusqu'à la Révolution, la Roche-Mabille fut le siége d'une haute justice. Il s'y tenait des foires et un marché hebdomadaire qui existe encore.

Un second château subsista encore assez longtemps au pied du rocher. Il n'a eu aucune importance et ne paraît avoir joué aucun rôle dans les destinées de la Roche. Il avait disparu sans que, pendant longtemps, on pût en retrouver aucune trace; mais en 1871, le propriétaire de son emplacement, M. Gautier, maire de la commune, persévérant dans ses recherches, qui avaient paru infructueuses, a fini par faire sortir des décombres un escalier en granit fort bien conservé ainsi qu'un couloir corres-

(1) Ce village fut ainsi nommé à cause d'un étang situé près de là, qui servait à protéger le château.

pondant à trois ouvertures placées au-dessus de lui, dont on ne peut préciser quels étaient la hauteur ni l'emploi. Dans ce couloir ont été trouvés beaucoup de débris de poteries assez curieux ainsi que des morceaux de verre la plupart coloriés.

L'église, près de laquelle se trouve un élégant presbytère bâti il y a quelques années, est une construction du style roman. Le chœur et les transepts, voûtés en pierre et reliés ensemble et à la nef par quatre arcades en plein cintre donnent à ce monument le caractère grave qui convient si bien à notre culte. Il est à regretter que, lors des dernières restaurations, on n'ait pu conserver les fresques qui existaient sur les murs et la voûte du transept droit, et représentant le sacrifice d'Abraham, le Jugement dernier et des Anges sonnant de la trompette.

A Hauteville, position la plus agréable du bourg, se trouve la maison où longtemps la justice fut rendue et que l'on nomme encore *l'Audience*. Dans ce village, où se tient le marché hebdomadaire, se trouve un terrain vague converti, il y a quelques années, en jardins et portant le nom de *Les Halles*. Ces deux noms suffisent pour démontrer l'ancienne importance de ce lieu.

Les principales industries des habitants sont : la fabrication des clous à la main, et celle de la dentelle connue sous le nom de *Point d'Alençon*.

Les souvenirs évoqués par cette commune, sa position, le facile écoulement de ses produits, grâce à la proximité où elle se trouve de centres importants en font donc l'un des endroits les plus intéressants de la contrée.

A. Lamier,

Instituteur à la Roche-Mabille.

Les lecteurs du *Courrier de l'Ouest* qui ont suivi M. Lamier dans son intéressante excursion à la Roche-Mabile (1), ne seront pas fâchés sans doute d'avoir quelques renseignements complémentaires sur cette localité. Nous les emprunterons aux notes d'Odolant-Desnos, insérées par Le Paige, dans son *Dictionnaire du Maine*, publié en 1777 et au manuscrit de Boisjambert sur Alençon, écrit à peu près à la même époque.

« La Roche-Mabille, bourg et paroisse de l'archidiaconé de Passais, chef-lieu d'un doyenné de même nom, élection de Normandie.

La paroisse est arrosée au nord par le ruisseau de Sarton et par celui de la Patrie, et au sud par un autre ruisseau. Le même ruisseau de Sarton fait travailler la forge de la Roche, située dans la paroisse de Saint-Denis-sur-Sarton.

La cure, estimée 600 l., est à la présentation de l'abbé de Saint-Martin de Sées. Il y a 450 communions.

Il y a à la Roche un prieuré estimé 145 l., à la même présentation que la cure et la

(1) M. Lamier est aujourd'hui instituteur à Pacé.

chapelle de Saint-Thébault, estimée 400 l., à la présentation du supérieur de Notre-Dame de Cœffort.

Le sol produit du seigle, de l'avoine et du carabin. Il y a des bois et des montagnes.

Il y a dans le vallon de la Roche-Mabille une roche fort élevée, sur laquelle Mabille de Bellême, femme de Roger II, sire de Montgommeri, fit bâtir une forteresse dont on voit encore les ruines; elle fit aussi bâtir au bas de cette roche, une ville dont les portes paroissent encore. On croit que cette forteresse et la ville furent détruites dans les guerres des Normands, dans le XVe siècle. La Roche-Mabille est dominée par plusieurs montagnes dont les plus élevées sont celle de Chaumont et celle de Rochelle (1). Les seigneurs de la maison de Vasse avoient fait bâtir anciennement un petit château au pied de l'ancien : il est ruiné.

Tant que la ville et le château ont subsisté, les vassaux étaient obligés d'y faire guet et garde. Le seigneur du fief de Buheru (2) devoit sept jours de garde avec ses vassaux, à la porte de Saint-Pierre ; un autre en devoit autant à la porte Chauvin : plusieurs autres devoient des redevances de la même nature.

Il y a à la Roche une haute justice qui a été acquise des commissaires généraux à ce député, en ...., par Emmanuel-Armand,

(1) Peut-être faut-il lire Roche-Elie.

(2) Buhuru ou Buheru est le nom d'un fief noble de la paroisse de Gandelain qui depuis le XVIe siècle, appartenait à la famille Dumesnil. Quelques années avant la Révolution, Marie-Anne Dumesnil avait apporté ce fief en dot à Jacques-François de Folleville, écuyer, seigneur et patron de Saint-Denis-sur-Sarthon (*Archives de l'Orne*), série E.

marquis de Vassé ; elle s'étend sur les paroisses de la Roche, de Saint-Ellier, de Ciral, etc. Les appels ressortissent au bailliage d'Alençon.

C'est le siége d'un des deux notaires du Val-d'Ecouves ; l'autre réside à Saint-Ellier.

Il y avait autrefois un marché par semaine et plusieurs foires : les marchés de Pré-en-Pail, Villaine, la Pooté et autres les ont fait tomber entièrement. La maison de Vassé ayant voulu les rétablir, obtint pour cet effet des lettres patentes de Henri II, roi de France ; mais on n'a pas pu forcer le peuple d'y porter ses denrées.

Les habitants de la Roche jouissent encore aujourd'hui du droit de bourgeoisie que les seigneurs ont tenté plusieurs fois d'anéantir. Ils jouissent de droits très-considérables dans la forêt, dans lesquels ils furent maintenus par plusieurs arrêts de l'échiquier d'Alençon, mais ils en ont été dépouillés par l'ordonnance de 1669. Ils étoient exempts de toute espèce de coutume.

Augustin Pilon, curé de la Roche, y a fondé une école pour l'éducation des filles. Il mourut en 1732, respecté de ceux qui le connoissoient.

Cette ville a fourni à l'abbaye de Saint-Martin de Sées son huitième abbé, Guillaume de la Roche, ainsi appelé du lieu de sa naissance.

Roger de Montgommery et Mabille, son épouse, y fondèrent une église collégiale en l'honneur de Saint Nicolas, à laquelle ils donnèrent la dîme des moulins de la Roche et de ceux du château, l'église paroissiale de Saint-Pierre, celle de la Ferrière-Bochard et un fief situé à la Roche, et y établirent des chanoines. Ayant fondé peu de temps après l'abbaye de Saint-Martin de Sées, ils donnèrent, vers l'an 1060, à cette abbaye, Saint-Nicolas de la Roche, avec ses dédendances.

Guillaume Talvas III du nom, petit-fils de Roger de Montgommery, mais dont le père et lui ne prirent ni le nom ni les armes, mais ceux de leurs pères maternels, ayant amené de Citeaux des religieux pour habiter une abbaye qu'il avait ré-olu de leur faire construire dans la forêt de Perseigne, les plaça, ou du moins une partie dans l'église de Saint-Nicolas de la Roche. Il s'éleva des contestations entre eux et les moines de Saint-Martin de Sées, qui furent terminées dans la suite par la médiation des seigneurs de la Roche, de façon que l'église de Saint-Nicolas demeura à l'abbaye de Saint-Martin de Sées, qui en fit un prieuré. Un nommé Herbert fit, au mois d'avril 1223, une donation considérable au prieuré, en présence de Guillaume d'Alençon qui en était alors prieur, et de Gervais d'Aché, de Réginald son frère et plusieurs autres. Ce prieuré a été longtemps gouverné par des religieux de Saint-Martin de Sées, mais les seigneurs de la Roche ayant cessé d'en habiter le château, ils obtinrent la permission de s'en retirer. Ce ne fut plus alors qu'un simple prieuré. Lancelot de Vassé, seigneur de la Roche, s'arrangea, le 1er juillet 1515, avec l'abbaye de Sées, des bâtiments qu'il fit détruire. Lui et ses successeurs s'emparèrent de l'église Saint-Nicolas pour en faire des écuries.

François Mulot, abbé de Saint-Martin de Sées, et Pierre Boge, prieur titulaire de la

Roche, en rendirent aveu au seigneur, en 1609. *Ce prieuré est depuis longtemps réuni à la manse abbatiale.*

Il y avait aussi un Hôtel-Dieu à la Roche, dont la chapelle est ruinée et les revenus réunis à l'Hôtel-Dieu d'Alençon.

Après la mort de Robert III, ses héritiers vendirent ou cédèrent à Philippe-Auguste, Alençon et ses dépendances; mais le domaine de la Roche n'y fut pas compris. Ils s'obligèrent d'en faire détruire les fortifications toutes fois que ce prince le jugerait à propos. Ils firent ensuite le partage du surplus de cette succession. La terre de Montgommery, la Roche-Mabille, une partie du Mêle sur Sarthe et la baronnie de Saonnois tombèrent dans le partage d'Emeric de Chatellerault, neveu de Robert, comte d'Alençon et son légataire. Ce fut lui qui réunit la baronnie de la Roche au fief de Montgommery. Jeanne, vicomtesse de Chatellerault, sa fille, épousa en premières noces Geoffroy de Lusignan, seigneur de Jarnac, et en deuxièmes noces Jean II, sire de Harcourt, maréchal et amiral de France, surnommé *Le Preux*.

La baronnie de la Roche passa alors dans la maison de Harcourt. Jean III, sire de Harcourt, dit *Le Tors*, hérita de Montgommery, dont il détacha la seigneurie de la Roche-Mabille, qu'il donna en dot à Jeanne, sa sœur, lorsqu'elle épousa Henri IV, baron d'Avaugour et de Mayenne, à condition que la Roche-Mabille relèverait de Montgommery. Isabeau d'Avaugour, leur seconde fille, eut en autres biens, du côté de sa mère, la Roche-Mabille, Econché, etc. Elle rendit aveu de la Roche-Mabille au seigneur de Montgommery, le 19 mars 1351; elle épousa en premières noces Geoffroi VIII, baron de Châteaubriand, et en deuxièmes noces Louis, vicomte de Thouars, sire de Talmont, qui mourut le 7 avril 1370 et n'eut point d'enfants de ses deux maris. La Roche-Mabille passa alors en la maison de Penthièvre, en la personne de Jean de Blois, comte de Penthièvre, ou de son frère Jean, sire de Laigle, qui devait de l'argent au duc d'Alençon, dont le père s'était engagé de payer 100,000 livres au roi d'Angleterre pour une partie de sa rançon. Il vendit ou engagea pour cette somme à ce prince la Roche-Mabille. Le duc d'Alençon donna cette place au roi d'Angleterre pour l'équivalent.

Les Anglais s'étant rendus maîtres de la Normandie, Henri IV, roi d'Angleterre, donna La Roche Mabille à Fitz Hugs, chevalier anglais; mais, après leur expulsion de France, le roi Charles VII rendit la Roche-Mabille à la maison d'Avaugour. Marguerite, héritière d'une des branches de cette maison, porta la Roche-Mabille à Jean d'Aligny, seigneur de Chauffour. Il passa une compromission avec Joachim de Garonne, seigneur de la Lacelle, le 27 septembre 1474, transigea avec lui définitivement, le 15 octobre 1484, permit, le 6 octobre 1511, au sieur Pennard, seigneur de Ravigny, de faire construire l'étang de Raillard.

Jacqueline d'Aligny, dame d'Echauffour et de la Roche-Mabille, épousa, l'an 1491, Jean V^{e} du nom, seigneur de Vassé, dont sortit Antoine Grognet, seigneur de Vassé, gouverneur de Piémont, et Lancelot, abbé de Champagne.

La seigneurie de la Roche a resté depuis dans la maison de Vassé, jusqu'au mariage d'Adélaïde de Vassé, qui a épousé, en 1767, Jean-Baptiste-Alexis Le Maire, marquis de Courtemanche. »

Henri-Alexis le Maire de Courtemanche, ci-devant marquis, était seigneur de la Roche-Mabile ; en 1790, ayant émigré, ses biens furent mis sous séquestre ; mais une partie seulement furent vendus et ses descendants les possédaient encore il y a quelques années.

Aux renseignements fournis par Boislambert et par Odolant Desnos sur le passé de la Roche-Mabile, nous demandons la permission d'ajouter quelques notes.

Boislambert dont le travail, sur certains points, est plus complet que le mémoire fourni à Le Paige par Odolant Desnos, se faisait une bien singulière idée de la destination du château de la Roche-Mabile. Après avoir rappelé que ce lieu a pris le nom de la femme de Roger de Montgommery, Mabile de Bellême, il ajoute : « C'étoit une espèce de maison de plaisance ou rendez-vous de chasse des anciens comtes d'Alençon, pour être à portée des chasses dans la forêt de Bellême. »

Il est à peine besoin de rappeler que la Roche-Mabile était un point stratégique qui servait à compléter la ligne de défense de la Normandie du côté du Maine. Il est même probable que cette position avait été occupée avant le XIe siècle et tout porte à croire que Mabille, digne fille des Talvas, ne fit que compléter la fortification qui couronnait le mamelon de la Roche. Cette opinion a été soutenue par le savant Stapleton. Aug. Le

Prévost et M. Léopold Delisle pensent que la Roche-Mabile se nommait autrefois la Roche de Jalgé ou Jaugé (de *Jalgeio*) et appartenait primitivement aux Giroie. Il est dit dans l'histoire d'Orderic Vital (1), que vers 1060, Robert, fils de Giroie, se révolta contre le duc Guillaume et fortifia ses châteaux de Saint-Céneri et de la Roche de Jalgé (*Rupem Jalgeiensem*) et y plaça des garnisons d'Angevins. Le même historien (2) nous apprend que Mabile de Bellême fut assassinée le 5 décembre 1082, par Hugue Bunel, fils de Robert de Jalgé, chevalier, auquel elle avait enlevé le château de la Roche de Jalgé et qu'elle avait ainsi privé de l'héritage paternel. Pour accomplir cette vengeance, Hugue fut aidé de ses trois frères, Raoul, Richard et Josle[illegible].

En 1118, Etienne de Blois fut mis en possession de Sées et d'Alençon, du Mêle-sur-Sarthe et d'Almenêches avec la Roche de Jalgé.

Bry de la Clergerie, dans son *Histoire des pays et comté du Perche et duché d'Alençon*, imprimée en 1620, a traduit *Jalgeium* par la Roche d'Igé ou le Mont-Jallu.

M. L. de La Sicotière, dans son édition des *Mémoires historiques sur Alençon*, par Odolant Desnos, fait remarquer que ces deux noms désignent évidemment deux localités différentes et qu'il est impossible de confondre Igé, canton de Bellême (Orne), avec le Mont-Jallu, commune de Champaissant (Sarthe). Lui-même se prononce pour cette dernière localité et cite à l'appui les fouilles faites au Mont-Jallu où la tradition voulait qu'un trésor était enfoui.

(1) Edition Le Prévost, t. II, p. 73.
(2) Ibid., p. 410, 432, t. III, p. 294 et 597-598.

La ressemblance de noms entre *Jalgeium* et le Mont-Jallu nous paraît insuffisante pour faire croire à l'identité de ces deux noms. *Jalgeium*, d'après les lois de permutation des noms de lieux n'a pu donner *Jallu*.

En l'absence de tout autre argument direct, l'identification proposée par Bry de la Clergerie et appuyée par M. L. de la Sicotière nous paraît pouvoir être écartée.

Nous nous retrouvons alors en présence de l'opinion de MM. Stapleton, Le Prévost et Delisle qui pensent que Jalgeium n'est autre que La Roche-Mabile.

Odolant Desnos paraît avoir hésité sur la traduction qu'il convenait d'adopter. Ainsi à la p. 249 et 250 de la nouvelle édition, on lit que Hugue de Jalgé avait été mis par Mabile en possession du château de la Motte d'Igé, dont elle avait dépouillé les Giroie et qu'il en fut dépouillé à son tour. Plus loin (p. 278), dans l'énumération des forteresses de Robert de Bellême, il cite « Saint-Céneri, le *Mont-Jallu*, Mamers, Vignets, etc., » Enfin (p. 370), il rapporte que le roi donna, en 1118, au comte de Blois, Alençon, Sées, le Mêle-sur-Sarthe, Almenêches, la Roche-Mabile, la Motte d'Igé. Or, le texte d'Orderic Vital ne nomme pas la Roche-Mabile, mais seulement la Roche de Jalgé. Il semble donc qu'Odolant Desnos était disposé à confondre ou à identifier les noms de ces deux localités.

Le doute manifesté par l'auteur des *Mémoires historiques sur Alençon* au sujet des identifications imaginées par Bry de la Clergerie et le rapprochement que nous constatons sous sa plume entre *Rupes de Jalgeio* et la Roche-Mabile peuvent être considérées comme les indices qui militent en faveur de l'opinion de Stapleton à laquelle nous croyons pouvoir nous rallier (1).

Rien d'étonnant d'ailleurs à ce que Mabile de Bellême ait laissé son nom à une place de guerre dont elle s'était emparée et dont elle avait augmenté les fortifications.

Cette place était si bien considérée comme importante que lorsqu'en 1220, Philippe-Auguste, roi de France, fit un accord avec les héritiers de Robert III, comte d'Alençon, dernier descendant des Montgommery et des Talvas, au sujet de la réunion de ce comté à la couronne, il exigea de ces derniers qu'ils s'obligeassent à détruire, quand il le jugerait à propos, la forteresse d'Essai et la forteresse de la Roche-Mabile (*fortericiam de Rupe Mabilie*).

Il ne paraît pas que ce château ait pour cela été alors démoli. En 1345, dit Odolant Desnos, le roi Philippe de Valois avait donné au comte d'Alençon la châtellenie de Laigle. Le dauphin confirme cette donation par lettres du 13 février 1346, mais la maison d'Alençon fut obligée de la rendre dans la suite, ainsi que la forteresse de la Roche-Mabile, place importante alors, par son voisinage de la Bretagne.

L. D.

(1) Odolant Desnos cite mal à propos la Roche d'Igé parmi les forteresses qui devaient être délivrées au roi de France, par les Anglais, en vertu du traité de Bretigni (1360). Rymer avait écrit la *Rochele d'Iré*. M. Siméon Luce, dans son *Histoire de Bertrand Du Guesclin* rétablit l'orthographe de ce nom, la Roche d'Iré, château situé en Anjou, (arrondissement de Segré, commune de Loiré).

Alençon. — Imp. A. Lepage.

www.ingramcontent.com/pod-product-compliance
Lightning Source LLC
LaVergne TN
LVHW010345230826
846091LV00009B/4037
9782019216733